Young Learner's

Writing Book 1-50

1
Girl

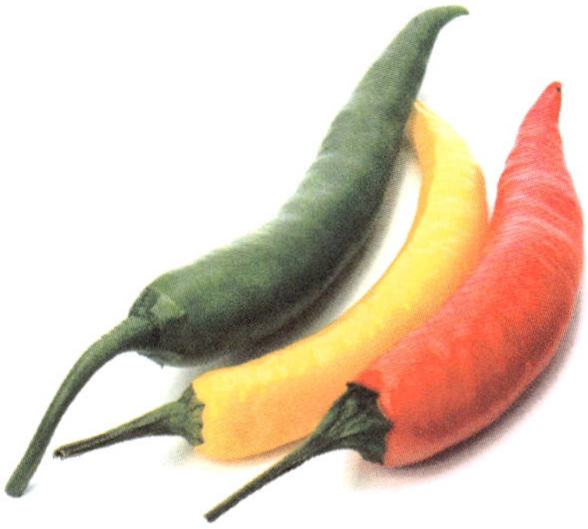

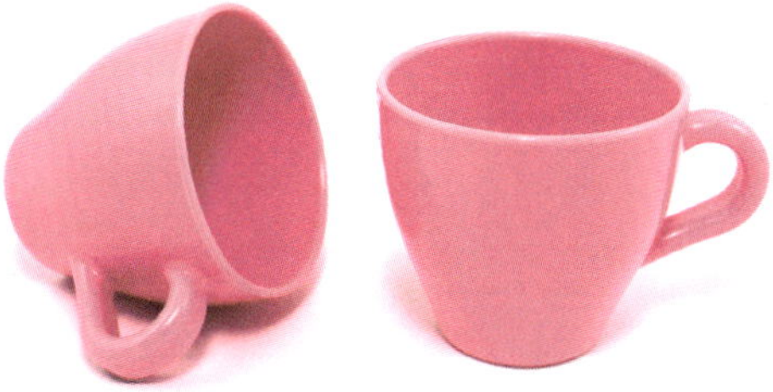

3
Chillies

2
Cups

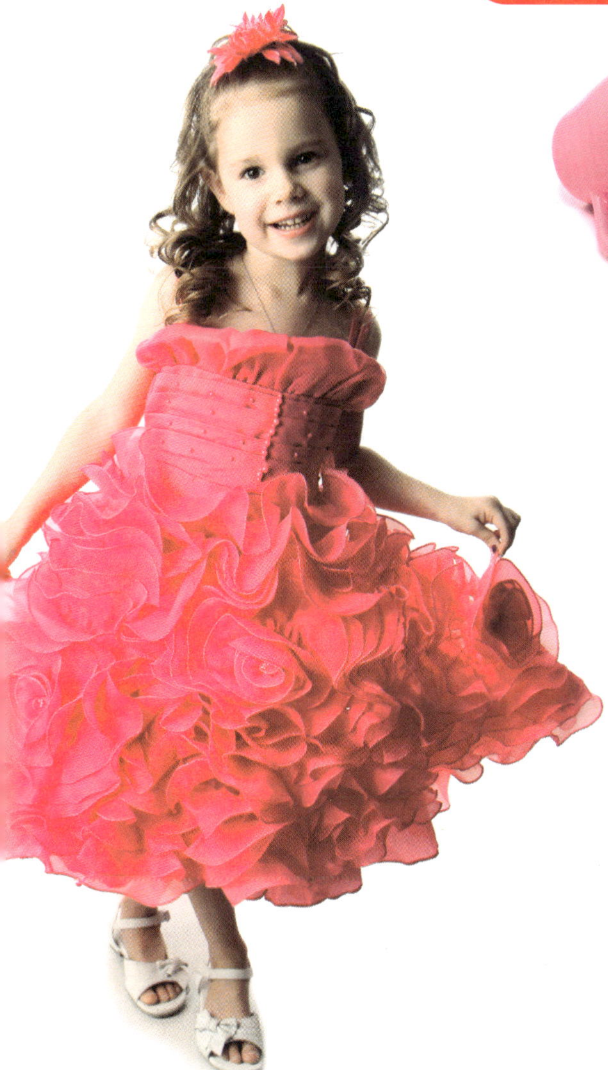

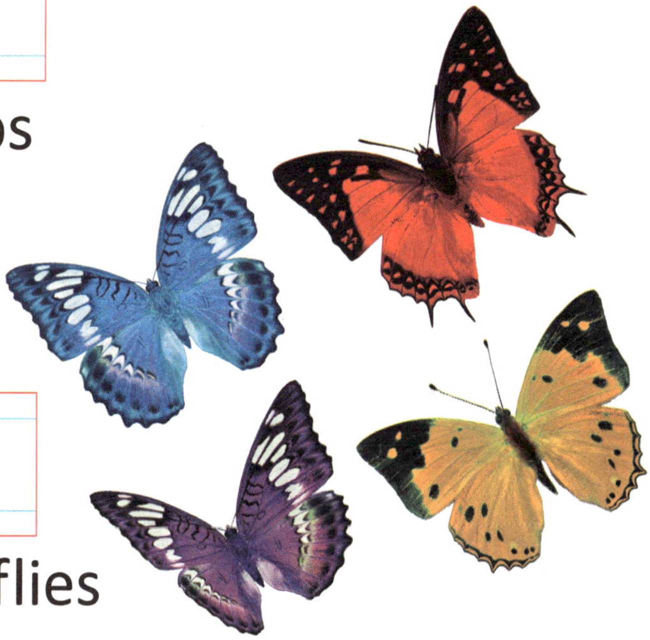

4
Butterflies

Trace and Learn: 1

Date: ____________ Grade: ___________ Teacher's Signature: _____________

Practice Time!

Colour I kite in red colour and the remaining in blue colour.

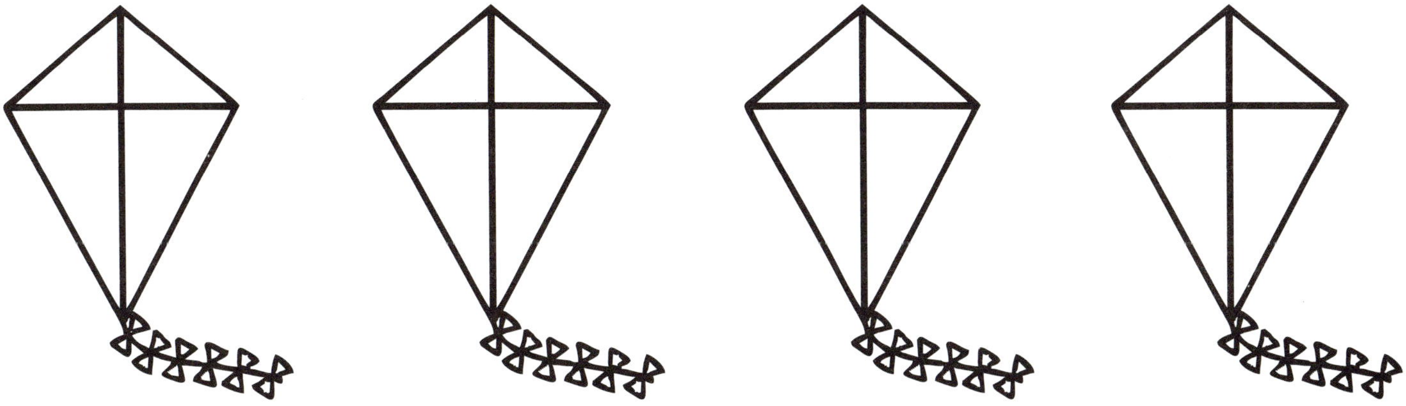

Date: ____________ Grade: ____________ Teacher's Signature: ____________

Trace and Learn: 2

2	2	2	2	2	2	2	2	2
2	2	2	2	2	2	2	2	2
2	2	2	2	2	2	2	2	2
2	2	2	2	2	2	2	2	2
2	2	2	2	2	2	2	2	2
2	2	2	2	2	2	2	2	2
2	2	2	2	2	2	2	2	2

Date: ____________ Grade: ___________ Teacher's Signature: _____________

Practice Time!

Two dolls are same. Circle them.

Date: ____________ Grade: ___________ Teacher's Signature: ______________

Trace and Learn: 3

3	3	3	3	3	3	3	3	3
3	3	3	3	3	3	3	3	3
3	3	3	3	3	3	3	3	3
3	3	3	3	3	3	3	3	3
3	3	3	3	3	3	3	3	3
3	3	3	3	3	3	3	3	3
3	3	3	3	3	3	3	3	3

Date: ___________ Grade: __________ Teacher's Signature: ____________

Practice Time!

Circle number 3.

2	10	5	2	8	4	7	3	4	2	10	4
6	8	(3)	10	6	5	9	6	10	3	6	8
9	4	2	7	9	3	2	5	7	9	3	5
5	3	6	3	10	8	4	7	3	10	7	9
7	10	4	8	2	5	10	8	8	6	2	3

Date: ____________ Grade: ____________ Teacher's Signature: ______________

Trace and Learn: 4

Date: ____________ Grade: ___________ Teacher's Signature: _____________

Practice Time!

Count and write the number of balloons in each bunch.

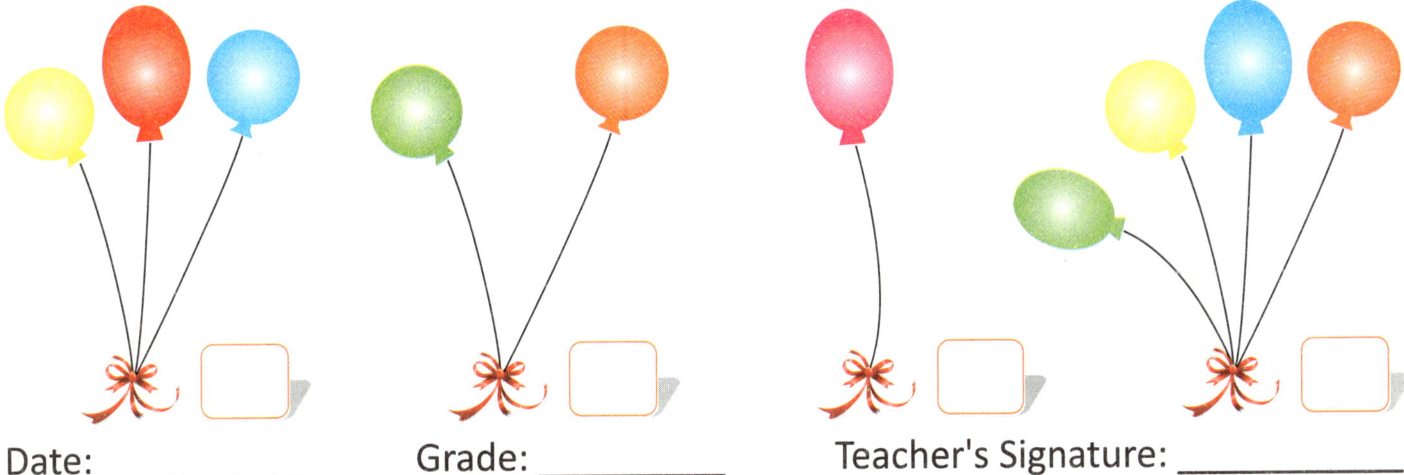

Date: ____________ Grade: ____________ Teacher's Signature: ______________

Trace and Learn: 5

5	5	5	5	5	5	5	5	5
5	5	5	5	5	5	5	5	5
5	5	5	5	5	5	5	5	5
5	5	5	5	5	5	5	5	5
5	5	5	5	5	5	5	5	5
5	5	5	5	5	5	5	5	5
5	5	5	5	5	5	5	5	5

Date: ___________ Grade: ___________ Teacher's Signature: ___________

Practice Time!

Colour the oranges that have 5 written on them.

Date: ___________ Grade: ___________ Teacher's Signature: ____________

Date: ___________ Grade: __________ Teacher's Signature: ____________

Practice Time!

What comes before?

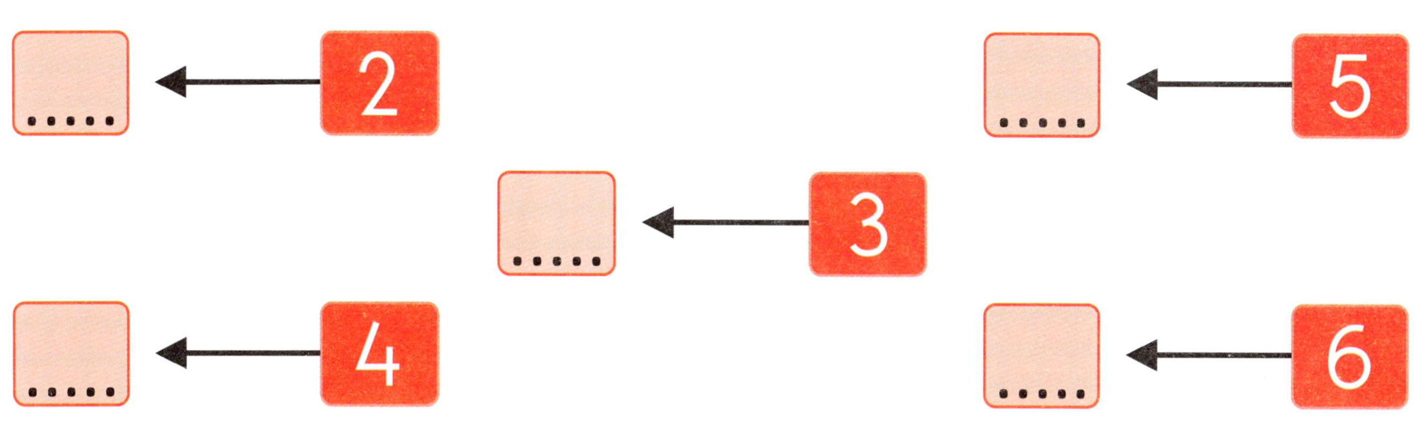

Date: ____________ Grade: ____________ Teacher's Signature: ______________

Date: ___________ Grade: ___________ Teacher's Signature: ___________

Practice Time!

Look at the picture of rainbow. Count the number of colours and write in the given box.

Date: ___________ Grade: __________ Teacher's Signature: ____________

Trace and Learn: 8

Date: ____________ Grade: ____________ Teacher's Signature: ____________

Practice Time!

Circle the bigger number.

Date: ___________ Grade: ___________ Teacher's Signature: ___________

Date: ____________ Grade: ____________ Teacher's Signature: ____________

Practice Time!

What comes before and after?

..... ← 2 → .....

..... ← 4 → .....

..... ← 8 → .....

..... ← 6 → .....

..... ← 5 → .....

..... ← 3 → .....

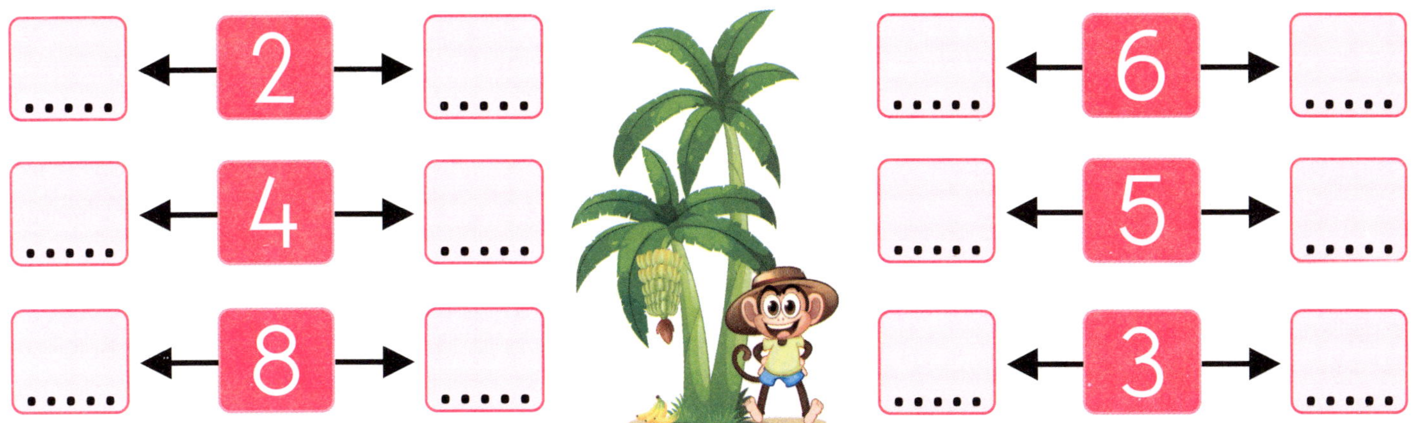

Date: ____________ Grade: ____________ Teacher's Signature: ______________

Trace and Learn: 10

10	10	10	10	10	10	10	10	10
10	10	10	10	10	10	10	10	10
10	10	10	10	10	10	10	10	10
10	10	10	10	10	10	10	10	10
10	10	10	10	10	10	10	10	10
10	10	10	10	10	10	10	10	10
10	10	10	10	10	10	10	10	10

Date: ____________ Grade: ___________ Teacher's Signature: _____________

Practice Time!

Arrange the numbers from the smallest to the largest.

Date: ____________ Grade: ____________ Teacher's Signature: ______________

How many are there?

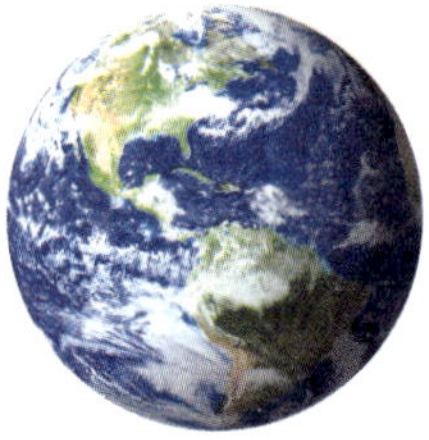

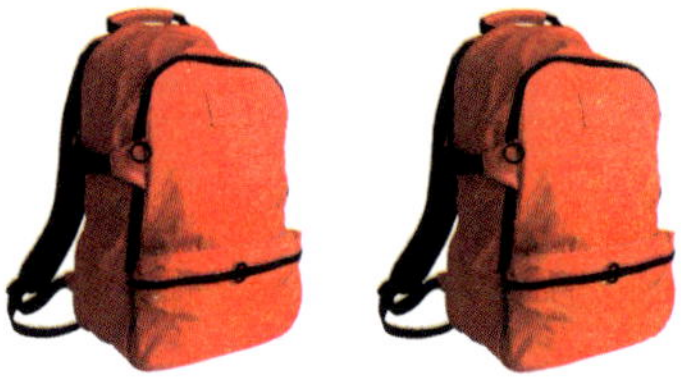

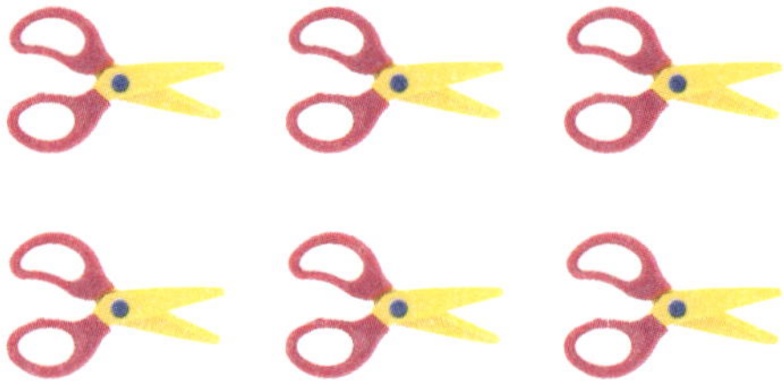

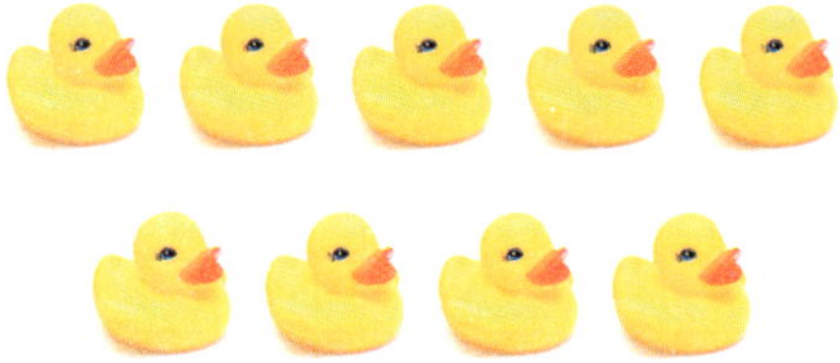

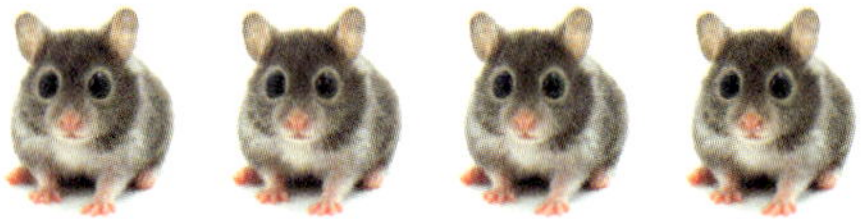

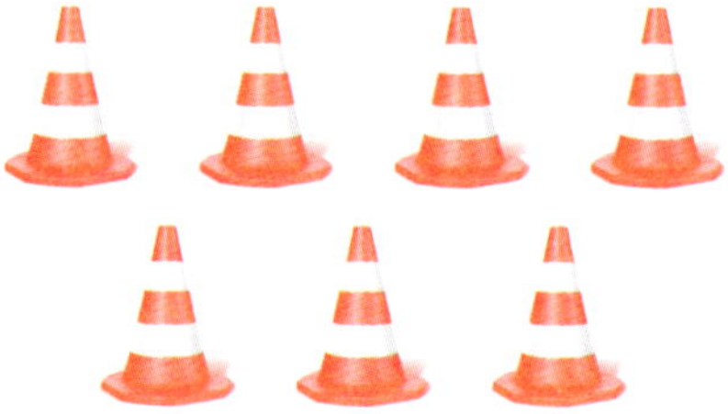

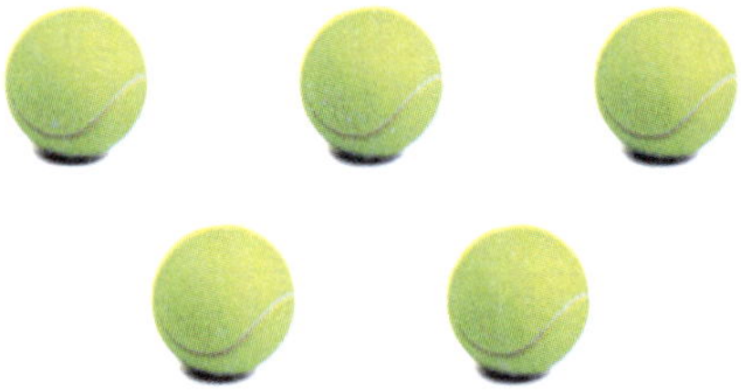

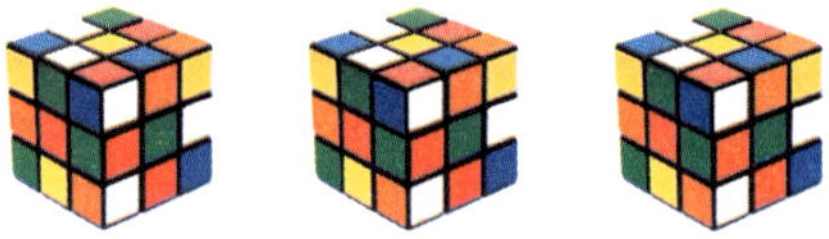

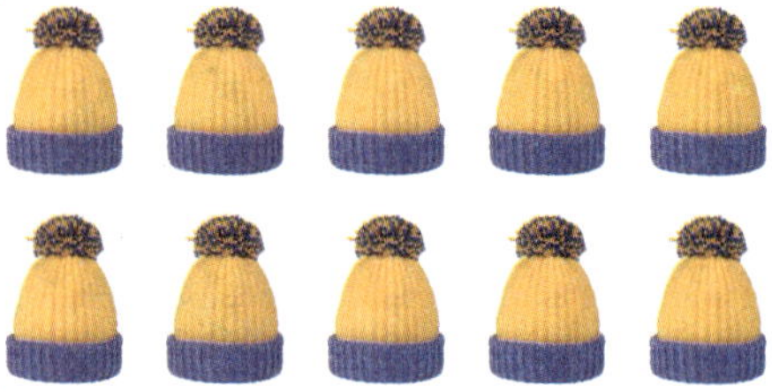

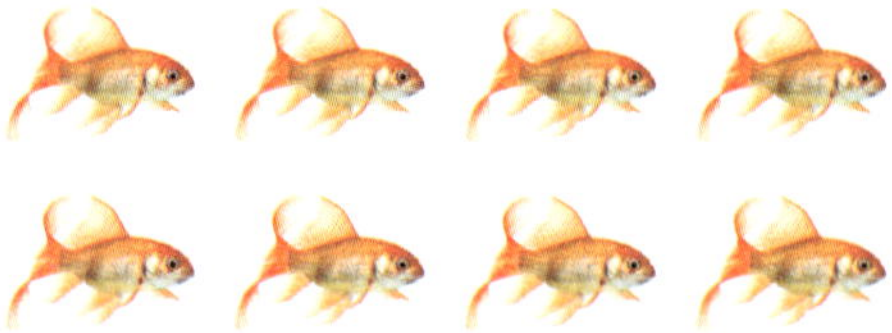

Date: ___________ Grade: ___________ Teacher's Signature: ___________

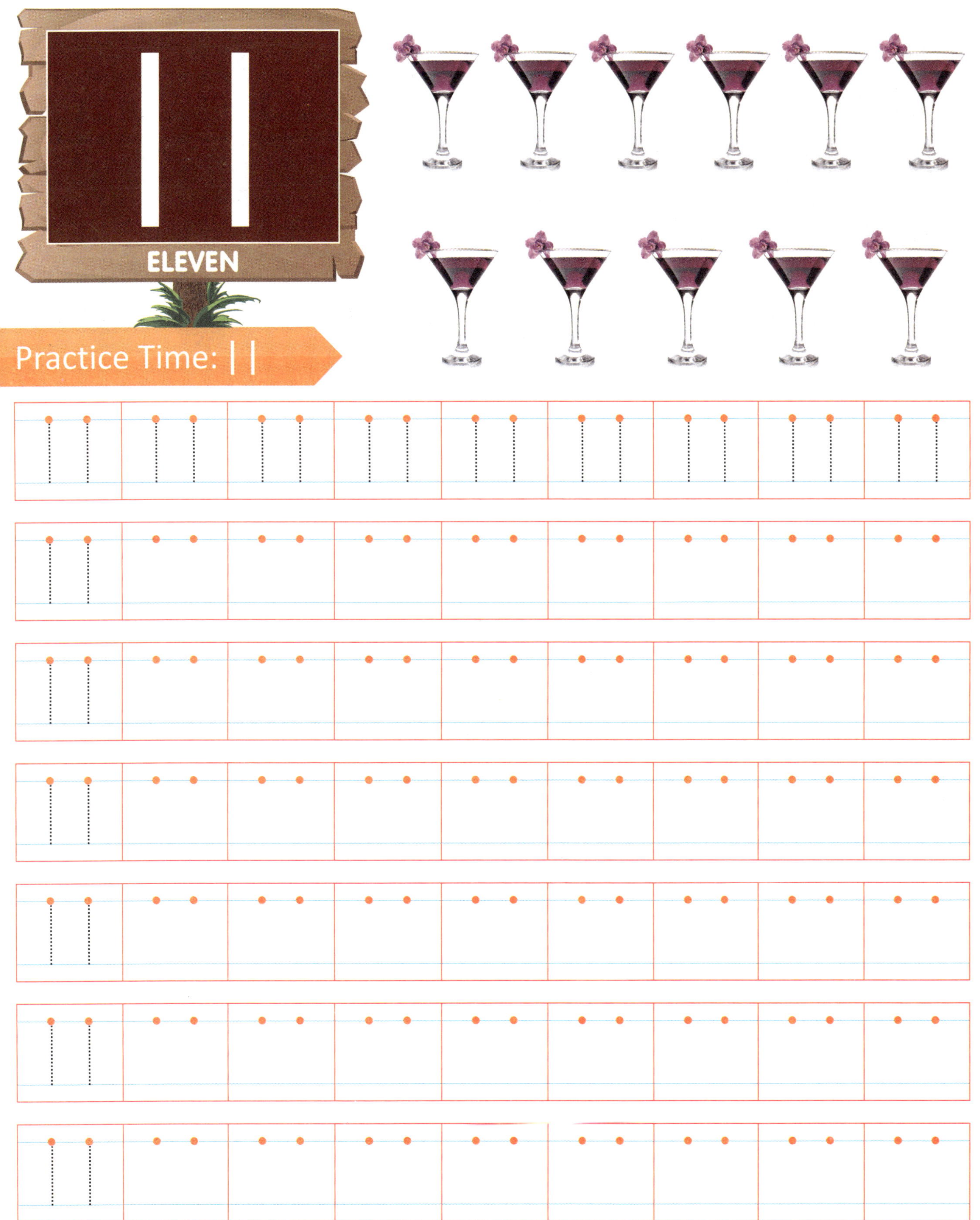

Date: ___________ Grade: ___________ Teacher's Signature: ___________

Date: ___________ Grade: ___________ Teacher's Signature: ___________

Practice Time: 13

13	13	13	13	13	13	13	13	13
13								
13								
13								
13								
13								
13								

Date: ____________ Grade: ____________ Teacher's Signature: ____________

Date: ___________ Grade: ___________ Teacher's Signature: ___________

Date: ___________ Grade: ___________ Teacher's Signature: ___________

Date: ____________ Grade: ___________ Teacher's Signature: _____________

Date: ___________ Grade: ___________ Teacher's Signature: ___________

Date: ____________ Grade: ____________ Teacher's Signature: ____________

19

NINETEEN

Practice Time: 19

19	19	19	19	19	19	19	19	19
19								
19								
19								
19								
19								
19								

Date: ___________ Grade: ___________ Teacher's Signature: ___________

Practice Time:

20	20	20	20	20	20	20	20	20
20								
20								
20								
20								
20								
20								

Date: ____________ Grade: ___________ Teacher's Signature: _____________

Date: ___________ Grade: ___________ Teacher's Signature: ___________

Date: ___________ Grade: ___________ Teacher's Signature: ___________

Date: ___________ Grade: ___________ Teacher's Signature: ___________

Date: ___________ Grade: __________ Teacher's Signature: ____________

Date: ___________ Grade: ___________ Teacher's Signature: ___________

Date: ___________ Grade: __________ Teacher's Signature: ____________

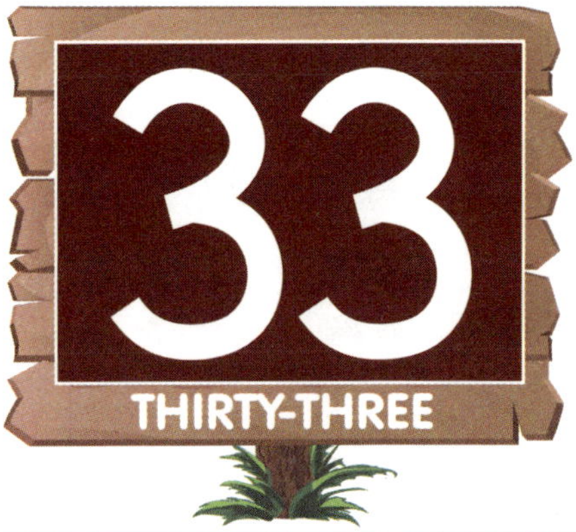

33

THIRTY-THREE

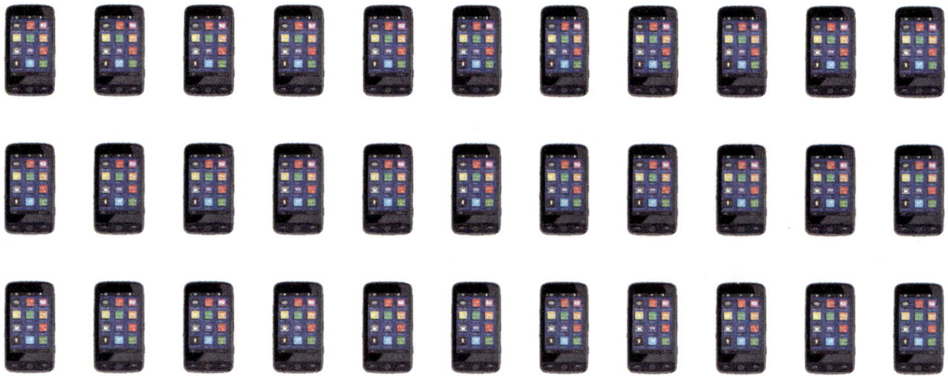

34

THIRTY-FOUR

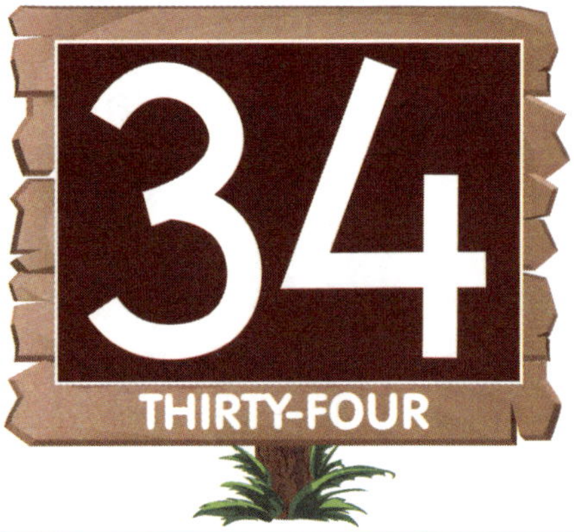

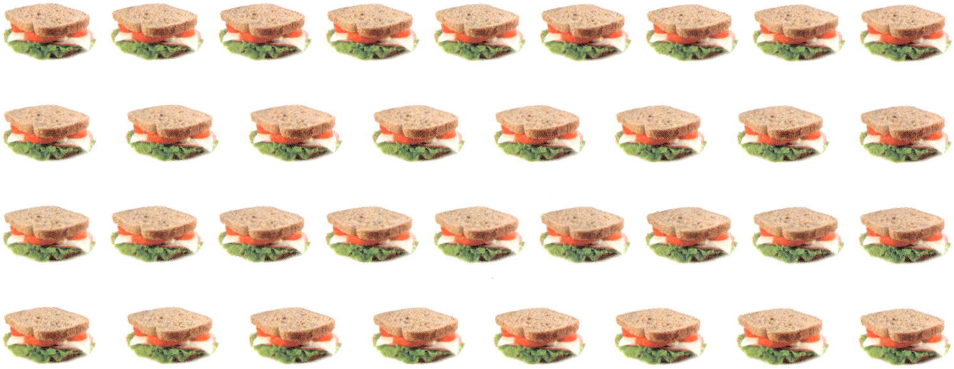

Date: ___________ Grade: ___________ Teacher's Signature: ___________

Date: ____________ Grade: ___________ Teacher's Signature: _____________

Date: ___________ Grade: ___________ Teacher's Signature: ___________

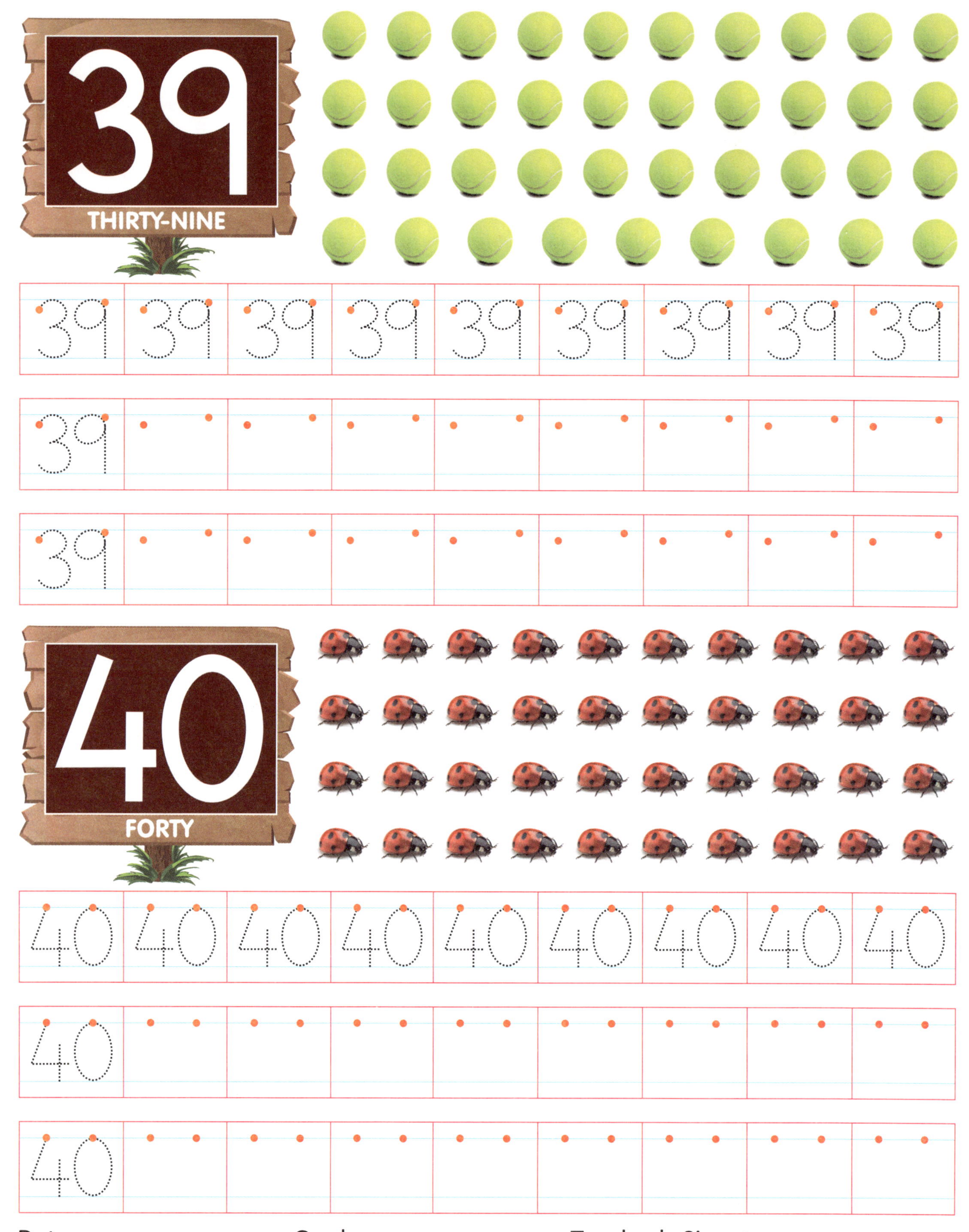

Date: ___________ Grade: ___________ Teacher's Signature: ___________

Date: ____________ Grade: ___________ Teacher's Signature: ______________

43 43 43 43 43 43 43 43 43

43

43

44
FORTY-FOUR

44 44 44 44 44 44 44 44 44

44

44

Date: __________ Grade: __________ Teacher's Signature: __________

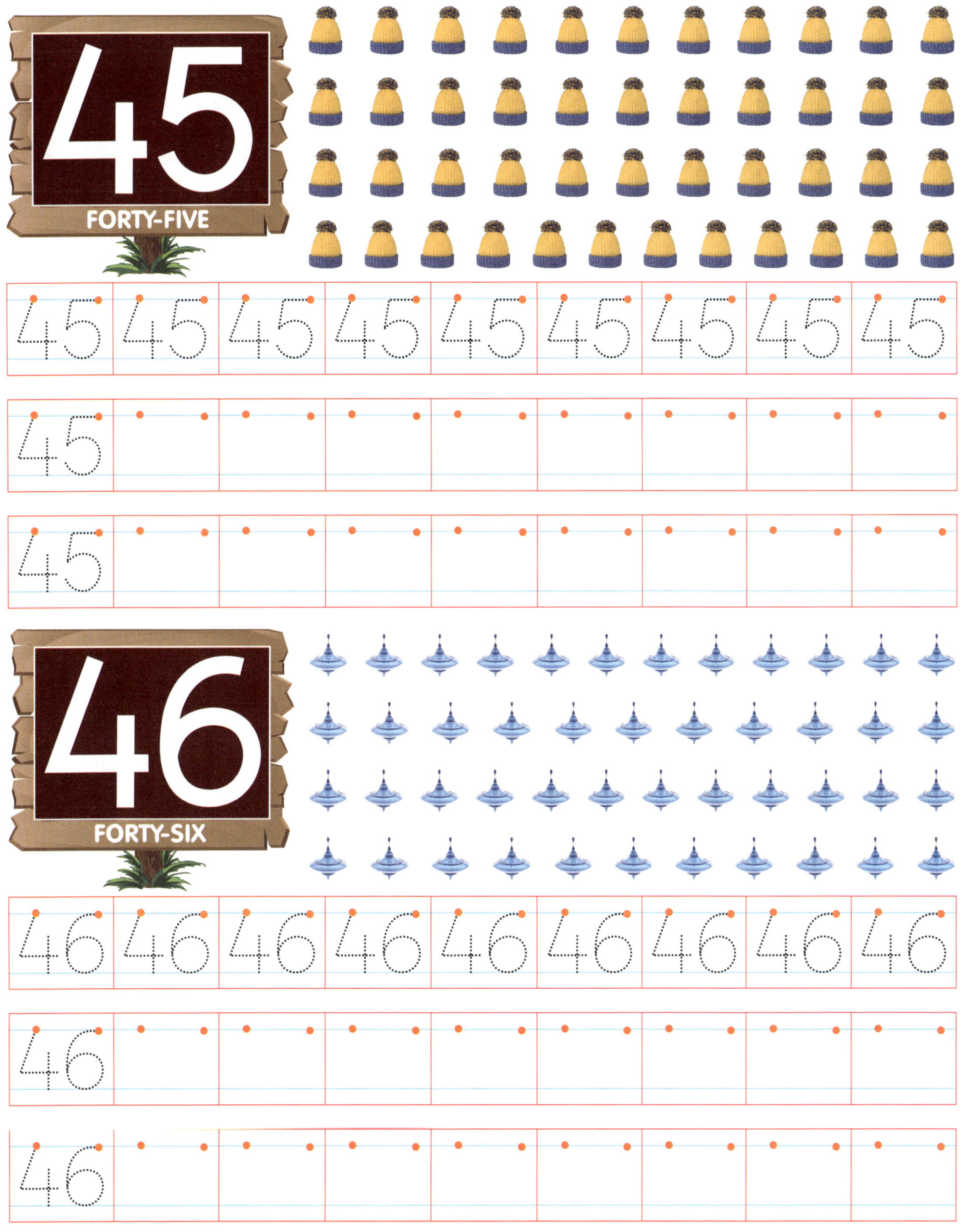

Date: ____________ Grade: ___________ Teacher's Signature: ______________

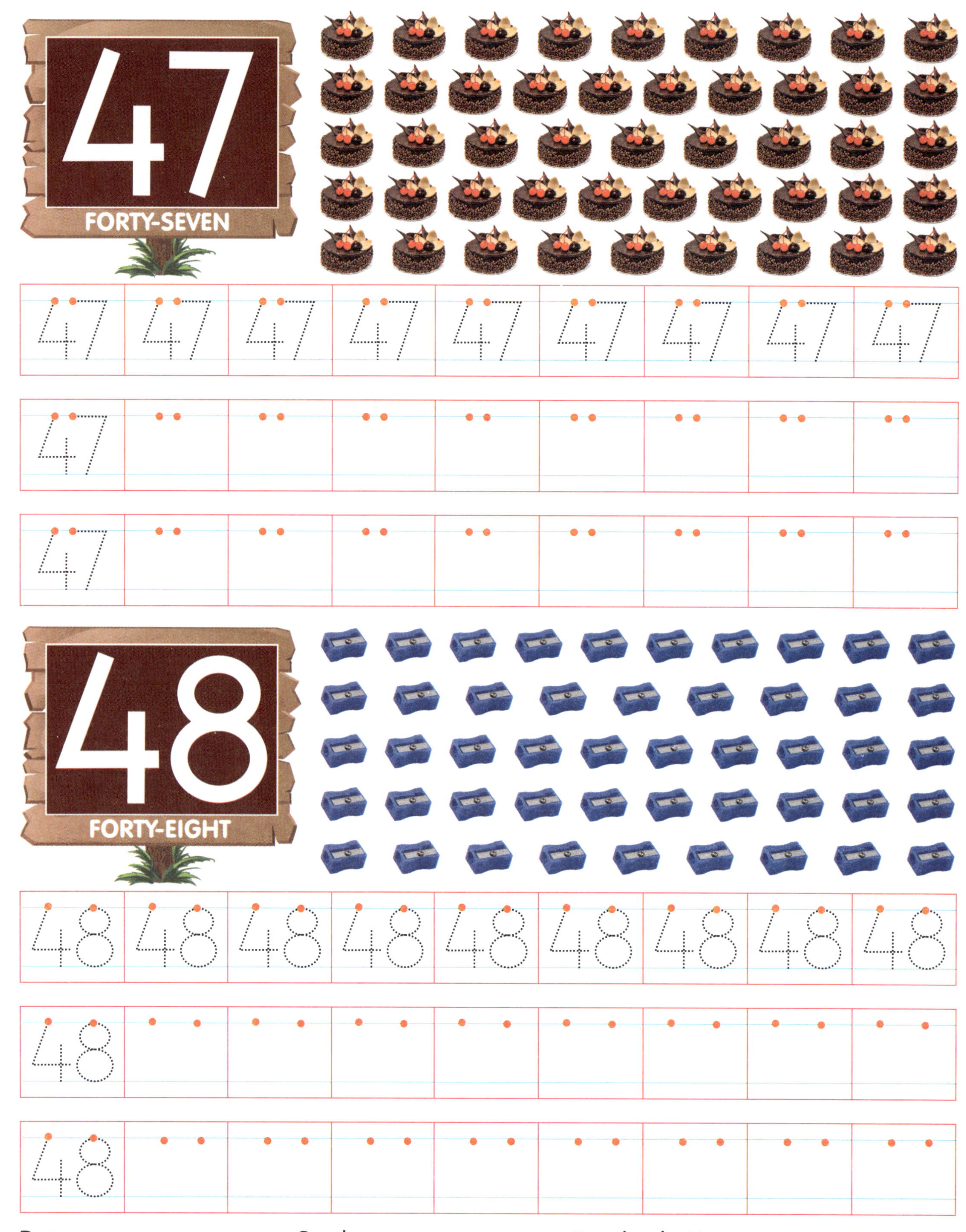

Date: ___________ Grade: __________ Teacher's Signature: ____________

Date: ____________ Grade: ____________ Teacher's Signature: ______________

Join the dots from 1 - 50 and colour the picture.

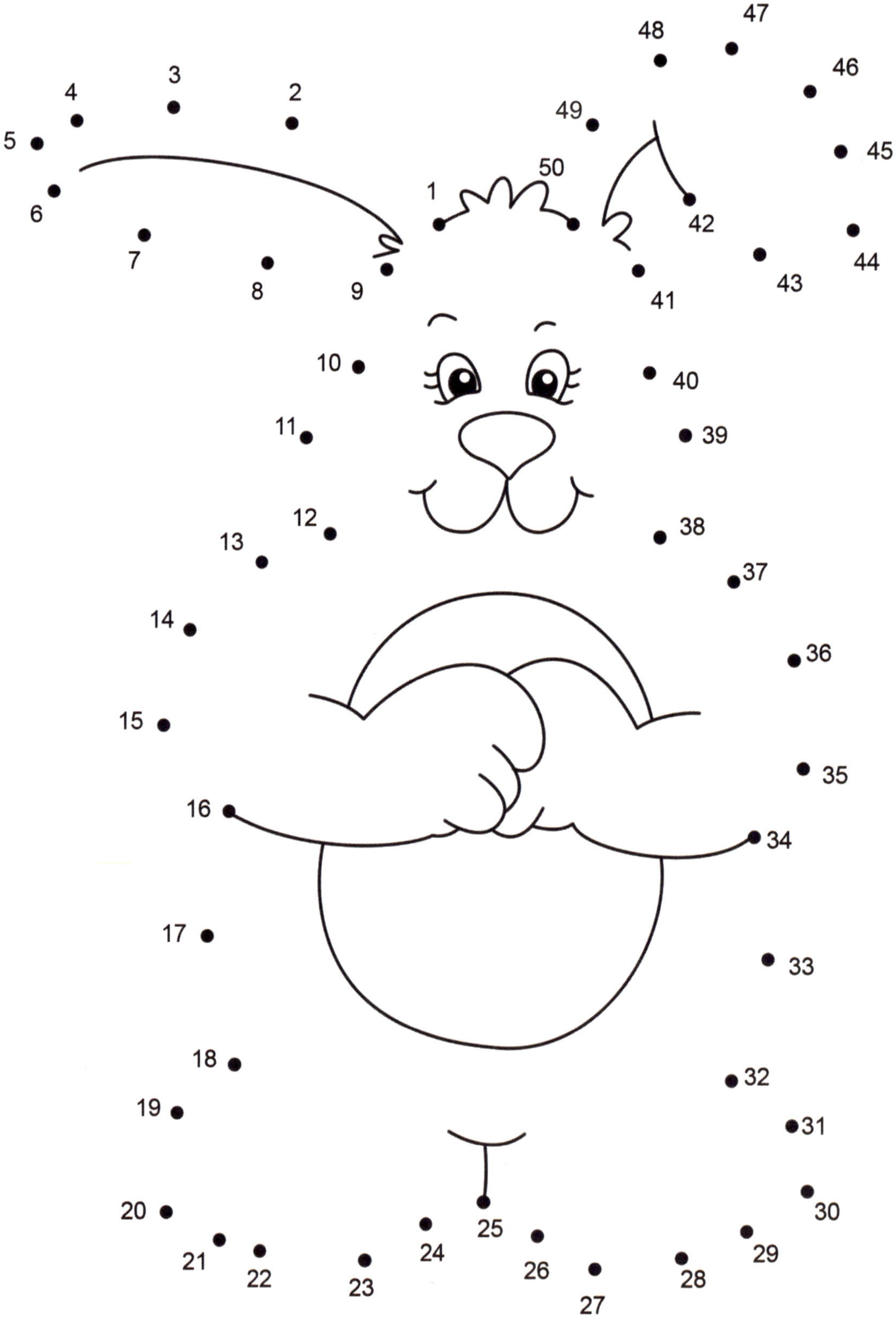

Date: ____________ Grade: ___________ Teacher's Signature: _____________